HOW TO

미의식
직감, 윤리 그리고
꿰뚫어보는 눈

글 **야마구치 슈**
그림 **PECO**
옮김 **복창교**

경영아카이브

CONTENTS

【 **보충설명** 】 오키야마 마코토

1995년생. 비주얼싱크탱크 '도해총연' 이사.
『비즈니스모델 2.0 도감』
『비즈니스시스템을 알 수 있는 도해 만드는 법』의 공동저자.
블로그 http://note.com/my_kyon_note
트위터 @kyon_hcj

등 장 인 물 소 개

이마이 사키

아지사이식품 기획개발부 소속. 입사 3년 차. 급한 성격에, 한번 마음먹으면 직진하는 스타일. 자신이 생각한 도시락을 상품화하는 것이 꿈. 데이터나 이론에 의거해 아이디어를 내는 것이 특기다.

이치키 쇼

아지사이식품 기획개발부 소속. 입사 3년 차로 주인공과 동기다. 4차원으로, 주변으로부터 무슨 말을 하는지 모르겠다는 소리를 많이 듣는다. 기본적으로 천연덕스러운 성격이지만, 가끔 정곡을 찌르는 말을 하기도 한다.

후루타 가코

아지사이식품 기획개발부 소속. 입사 5년 차로 사키의 선배다. 강한 성격으로, 자신의 의견을 주저하지 않고 말한다. 과거의 경험을 중요시하기 때문에, 후배의 의견을 무시하는 경향도 있다.

야마구치 슈

독립연구원, 작가, 연설가. 『세계 엘리트는 왜 미의식을 키우는가?』 저자.

수수께끼의 할아버지

점심시간에 아지사이식품 근처 공원에서 도시락을 먹고 있는 할아버지. 도시락을 좋아하고, SNS에서 본 도시락 사진을 실제로 찾아보는 것이 취미. 정돈된 콧수염이 트레이드마크.

1화
세 가지 일 진행방식

디잉
도옹...

아지사이식품

Free space

삐빅...

잘칵

오케이!
사진 잘
나왔다!

히힛

빨리
엔스타에
올려야지.

내 이름은
이마이 사키

25살.

6

아지사이식품 기획개발부에서 일하고 있죠.

나의 목표는 내가 먹고 싶은 도시락을 상품화하는 거예요!

이마이 씨 도시락은 오늘도 장난 아니다!

그쵸?

회사 상품이긴 해도 푸드스타일링에 신경 좀 썼어요.

사진 보니까 진짜 맛있을 것 같아~

아지사이식품은 자사 안에서의 식품개발에 힘쓰고 있기 때문에 입사 3년 차인 내게도 기회가 있어요.

나도 얼른 내가 생각한 걸 상품으로 만들고 싶다고!

그렇긴 한데…

네?

그
대왕미트볼
말이야…

잘 나왔기는
한데 너무
크지 않아?

맛있을 것
같긴 해

오!
우리 회사
신상품
이네.

아,
부장님!

대왕미트볼
굉장히
평이
좋아요.

보세요.

방금
엔스타에 올렸는데,
벌써 좋아요가
이렇게나 많아요!

대왕미트볼
사진 찍어서
올린 사람이
저 말고도 많이
있어요.

보세요
보세요!

후후후
반응이
좋군요.

요즘 SNS에
도시락 사진을
찍어 올리는
사람이 부쩍
늘어서,
그 사람들을
겨냥했다고
하더라고.

덕분에
판매도
잘되고
있어요.
매출 한번
볼래요?

역시!
그렇죠!!

신상품
"대왕
미트볼"

크기가
너무 커서
도시락 공간을
다 차지하는 건
아닐까
걱정했지만

좋아요 41개
크기가 엄청 큰 대왕
#대왕미트볼

도시락 사진을
SNS에 업로드
하는 유행을
겨냥했고

목표한
대로 화제가
되어
널리 알려졌다.

#대왕미트볼

좋아요 133개
맛있는

결국 상품을 파는 데
중요한 것은 트렌드를
이해하는 것!

내 기획이 통과
되려면 데이터를
수집해 분석해야
한다고!

그러고 보니
경연대회에
낸 기획은
결과가
어떻게
됐으려나….

앗

아, 경연대회 결과가 사내 메일로 왔네….

뭐야?!

신상품 기획 경연대회 결과

사업전략본부 식품사업1부

아래의 상품이 선정되었습니다.
'꽉찬오믈렛' 제안자: 야마다 벤타로
2순위 '큐브소시지' 제안자: 고바야시 마요코
다음 경연대회에 관해서는
각 소속부서장에게 공지하도록 하겠습니다.

내 이름이 없잖아!?

큐 - 웅

내 기획이… 떨어졌다는 거야…?

푸욱

말도 안 돼! 진짜 자신 있었는데!

….

고작 이런 일로 침울해 있으면 안 되지.

다음!

다음엔 꼭!

또 저러네….

이얍ㅡ

붕

붕

이마이 씨는 진짜 재밌다니까요.

응?

아ㅡ 지금부터 호명되는 사람은 회의실로 와주세요.

…이마이 씨.

네, 넵!!

벌떡

회의실로? 무슨 일이지….

회의실 B
Conference room B

음—
다음 상품기획
경연대회는
팀으로
진행하려고
합니다.

네!?

웅성

웅성

팀제
라고
요!?

팀은
ABCD,
이렇게
네 개
팀입니다.

지금부터
팀을 나누겠습
니다.

우선은
A 팀.

야마다 씨가
리더를
맡아주세요.

네.

멤버는…

야마다 씨…?
경연대회에서
매번 뽑히는
사람이잖아!
엘리트
팀일 텐데.

A 팀에
들어가면
좋겠어!

A 팀은 이상 입니다.

야마다 씨 팀에 들어 가지 못했어….

하, 하지만 B 팀에 라도….

B 팀 멤버는…

C 팀은…

큰일이다.

죄송한데 저 아직 안 불러 주셨는데요!?

이제 틀린 건가?

D 팀 리더는 이마이 씨.

경연대회도 떨어졌고…, 난 이제 틀려먹은 거야 분명….

이마이 씨!

하 아 아

네!?

제가 리더 라고요!?

네, 넵!! 열심히 하겠습니다!!

목소리 엄청 크다.

크큭

풉

까아아

에헤헤….

활기차고 좋습니다.

네네.

그 기세로 기획도 잘 부탁 드립니다.

D 팀 멤버는 이치키 씨.

아… 네.

이치키 씨?

흘끗

저 사람 좀 알 수가 없단 말이야.

그리고 후루타 씨.

네.

후루타 씨?

으아아… 그 무섭다고 소문이 자자한 선배….

잘 부탁해요, 이마이 씨.

멍—

자… 잘 부탁 드려요….

어… 어쩌지…. 나 잘할 수 있을까?

15

하— 피곤해.

데굴

다녀왔습 니다~

그건 그렇고

내가 리더라니.

히죽 히죽

응? 근데 야마다 씨가 A 팀이라는 건

벌떡

D 팀은 꼴찌라는 소리 아냐…?

아무리 꼴찌라도 기회는 기회야!

파 파 파 파

우오오—

열심히 하자!

휙

타다다다다

탁!

리더를 처음 맡아본 나는 의욕으로 가득했다!

그리고 약간 불안감도….

오늘은 첫 팀회의다.

회의실D
Conference room D

또각 또각 또각

자신감게이지

80%

어제 그렇게 준비했으니 괜찮아!

이번 기획 경연대회 테마는요.

"독신 남성이 만드는 도시락"

이거 말고는 각 팀에서 알아서 하면 된다고 해요.

그래서 말이죠,

이에요.

제가 현재
우리 회사 매출과
유저 데이터를
살펴봤어요.

혼자 살면서
도시락을 만드는
남성은 비용을
아끼려는 경향이
있었습니다.

그래서
저렴하면서 종류도
잘 갖춰진 세트로
방향을 잡아가면
어떨까 합니다.

그럼
의견 주세요….

90%

슝

그건 좀
아닌 거
같은데.

옛날에
비슷하게 만들어
출시했다가
실패한 적
있거든.

거짓말…!?

그럴
리가….

쭈
우
욱

40%

저기…

이치키 씨
는요?

?

음—

저는 좀 고급스러운 도시락이 먹고 싶은데요.

어어?

누가 그쪽 먹고 싶은 거 물었냐고요.

참자, 참아….

이유는요?

네?

그냥요.

실룩…

그냥요?!

파직

파직

19

이 개성 폭발하는 꼴찌 팀을 끌고 가야 하다니 무리야!!

디잉 도옹

센카쿠노공원

하아 아아~

비틀 비틀

드디어 도시락 힐링 타임이다~

찰칵 찰칵

오

잘 나왔다!

엔스타에 올려야지~♪

아! 누가 벌써 좋아요 눌렀어. 빠르다!

띵♪

……

?

아가씨, 도시락러버… 맞지?

싱글 싱글

네!?

어… 어떻게 그걸!?

무섭

나도 도시락을 좋아해서

아가씨 엔스타 팔로잉하고 있거든. 그래서…

방금 올라온 사진하고 그 도시락이 똑같길래.

Enstagram

obento□□lover

정말요?

이런 우연이 다 있네요!? 세상에.

나도 거기 제품 좋아해서 말이야.

그 햄버그, 아지사이 식품 거지?

보기도 좋고.

아! 어르신 도요?

혹시… 어르신도 도시락 좋아하세요?

뭐?

아까 말했는데.

응.

21

허허, 이런 우연이 다 있나.

아지사이 식품에서 어떤 상품을 기획했는데?

감사합니다!

사실은 이거 우리회사 제품이거든요!

아! 전 아지사이 식품에서 상품을 기획하고 있어요!

끄응…

그게… 지금부터 할 거라서….

하아아아

사실은 일이 잘 안 풀려서 고민이에요.

이번에 기획하게 됐는데…

제 얘기 좀 들어보실래요?

그렇구먼. 들어보니 도시락러버 아가씨는 데이터를 중시하고…

후루타란 사람은 경험을 중요하게 생각하고, 이치키란 사람은 감각을 중요시한다 이 말인가?

음 듣고 보니 그런 느낌…

…인 듯 해요.

후후

이 조합이 우연인지 몰라도 정말 잘 모였구먼.

일하는 방식은 대부분 이 세 가지로 나눌 수 있으니까.

?

?

그럼

하나씩 자세하게 짚어볼까.

마지막으로 **아트(미래)형**. 별다른 근거 없이 자신의 생각이나 느낌 등으로 의사결정하는 타입이야.

생각

이거 좋다

아이디어

NEW

이 타입은 크래프트(과거)형과 정반대로 과거 경험에 구애받지 않아서 혁신적인 아이디어를 낼 수가 있지.

으─음 알 수가 없네요…

단

맹목적인 자아도취에 빠져서 비즈니스를 위한 아트가 아니라, 아트를 위한 아트를 추구하는 경향이 있지….

으익!

그러니까 진짜 아티스트적인 성향이야.

아트

고집

이거 좋아

저런 걸 좋아한다고?

절대 안 팔릴 텐데.

그렇군요 ~!

의사결정이라…
일 진행방식이나
사고방식이
다르니까 의견도
충돌하는군요.

정말 어르신
아는 게
많으시네요!

적어야
겠다….

쓱쓱

크흠…

지금까지는
**사이언스
(현재)형**이

일을 잘
처리해
왔지만…

!

그러니까 나는 사이언스형 이고,

그렇다는 건

난 틀리지 않았어!

이치키 씨가 아트형, 후루타 씨가 크래프트형이란 말이지….

내가 팀을 끌어가야 해!

도시락러버 아가씨! 이야기가 아직 안 끝났는데 …!!

성격 한번 급하구먼…

그나저나 저렇게 열심히 하는 직원이 아지사이식품에도 있단 말이지….

이때 나는 아직

아무것도 몰랐다.

이 책의 테마

경영 의사결정 모델의 균형이 중요하다

이성이나 논리   경험이나 지식   감성이나 직감

하지만, 지금은 이 균형이 무너져 있다

왜 균형이 무너졌을까?

과도하게 사이언스형에게 편중되어 있다

왜 사이언스형이 중시되는 게 문제일까?

56쪽에서 계속

2화

사이언스, 아트, 크래프트

아—
그럼

D 팀
두 번째 미팅을
시작할게요.

어제
밤늦게까지
열심히
준비하기도
했고

우오오오오오

게다가
…

이 두 사람에
대해 대비도
다 해놨다고!

후후후

?

…

후루타 씨는
'크래프트
(과거)형'

이치키 씨는
'아트(미래)형'

나는
'사이언스
(현재)형'

……

생긋

각자
타입이
다르다….

하지만

그렇기 때문에

모두—
이쪽이에요-

가장 뛰어난
'사이언스형'인
내가 팀을
이끌어야 해—

후후훗

신상품기획 D 팀 미팅 자료
【혼자 사는 남성을 위한 도시락】

■기획안
「닭튀김·닭차조기일식햄버그·데리야키치킨 삼색세트」

잠깐…

이게 뭐죠!?

메인이 여러 종류가 들어간 세트는 성공한 적 없다고 전에 말했을 텐데요?

나왔다!

꽉

후루타 씨는 과거의 경험으로 판단해서 새로운 도전을 하지 못하는 '크래프트(과거)형'이다.

과거

체험   경험

뒤를 보면서   전진 중!

꺄악ㅡ

?

흐흠

분명 과거에 성공한 예는 없지만,

현재는 소비세나 경감세율 때문에 혼자 사는 남성의 도시락 수요가 증가하고 있어요.

한 설문 조사에서는 7%나 증가했다고 해요.

도시락을 매일 만든다고 생각하면

메뉴를 생각하는 수고를 덜 수 있으니 수요는 확실히

늘어날 거라고 생각해요.

......

통했다!

그 경제지 매달 사길 잘했다!

인터넷에 독신남성 설문조사 데이터 올려주신 분 진심 감사드려요ㅡ!

"과거"는 언제든 "현재"로 다시 덧칠할 수 있는 법!

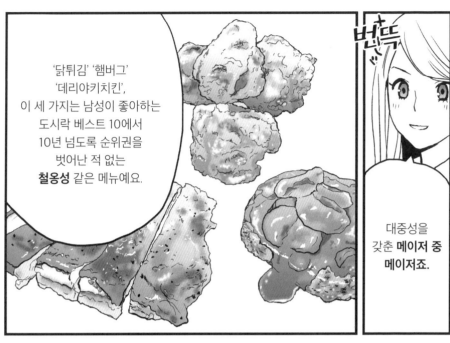

'닭튀김' '햄버그' '데리야키치킨', 이 세 가지는 남성이 좋아하는 도시락 베스트 10에서 10년 넘도록 순위권을 벗어난 적 없는 **철옹성** 같은 메뉴예요.

대중성을 갖춘 **메이저 중 메이저죠.**

흐ㅡ응
….

남성 여러분, 시대가 변해도 변함없는 취향에 감사드려요ㅡ

흐흠

"미래"는 "현재"의 연속으로 만들 수 있다고!

역시 이 몸
'사이언스
(현재)형'이
최고지!

고객 의견
실적
초동
판매량
추이
시장
비용
데이터
후후후

그리고

그뿐만
아닙니다.

보세요!

세 가지 전부 닭고기를
메인 식재료로 사용했기에,
비용도 절감되어,
저렴한 가격으로
많은 양을 만들어낼 수
있다고요!

이 수치를
보세요!
굉장하지
않나요!?

짜자ー안

….

흠음.

39

도♪

시♪

락♪

찰칵

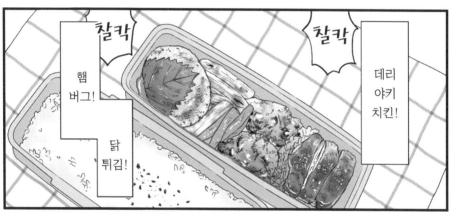

찰칵

햄
버그!

닭
튀김!

찰칵

데리
야키
치킨!

됐다!

기획서에
쓸 사진은
이걸로
하자~♪

내가 생각한
최강의
도시락이라고♪

Pi

Pi

ㅋㅋㅋ…

그건 그렇고 아까 미팅에서 나 좀 리더 같지 않았나?

역시 데이터를 중시하는 '사이언스(현재)형'이 최고지!

아! 이마이 씨.

터벅 터벅

경연대회 준비는 잘돼가나?

아~~~~~ 부장님! 거의 다 되어가요!!

그래? 후루타 씨도 이치키 씨도 좀 남다르니까

분명 좋은 팀이 될 거라고 생각해요. 그럼 기대할게요.

핫핫핫

총총 총총 총총

굿

팀에 관련해선 제게 맡겨 주세요!

경연대회 당일

회의실B
Conference room B

그럼 신상품기획
경연대회를
실시하겠습니다.

혼자 사는 남성이
만드는 도시락
메인이라는
주제였는데…

괜찮아.

Hit Point
Empty ▬▬▬▬ Full
▷100%

그때보다 더
데이터도 보강했고,
트렌드를
반영한 '사이언스
(현재)형'의 훌륭한
기획이야.

그럼 A 팀부터 차례대로 발표해주세요.

A 팀…, 경연대회에서 매번 뽑히는 야마다 씨가 이끄는 엘리트 팀!!

네.

우리 A 팀은 '홋카이도 장기'를 제안합니다.

장기!?

아! 닭튀김!?

홋카이도
장기

뭐야 그게!?

러시아 프로레슬런가!?

흐—음

흘끗

……

큰일
났다.

아니,
반대지!
반대!

야마다 씨가
이끄는
엘리트 팀과 안이
겹쳤다는 건

Hit Point
48%
슈슈슈

내 안은 굉장히
훌륭하다는
반증이라고!

우리 B 팀은
3찬 세트를
기획했고…

어?!

3찬 세트도
겹쳤어!?

일식 중식
양식

질리지 않도록
일식, 양식, 중식
에서 한 가지씩
골라 세트로
만들어…

두둥

우욱

베리에이션
까지
하다니.

으엑

마지막으로 D 팀 발표 하세요.

네?

아, 네….

벌떡

음?

이마이 씨, 무슨 문제라도 있어요?

아뇨.

더 이상 자신감이 남아 있지 않아서요.

Hit Point

Empty [   ] Full

0%

라고 말할 수도 없고~!

우리 D 팀은 다른 팀과 동일하게…

잠깐 이마이 씨!?

그런 말 하면 안 돼요.

아!

회의실 B
Conference room

가 아니라, 우리 팀은…

뚜벅

또각 또각

정말 대실패네.

예전부터 팀원의 의견을 듣지 않고 독불장군식으로 밀어붙여서 성공한 사례가 없죠.

또각

……

뭐 '장기'도 우리 팀이랑 비슷한 아이디어였어요.

모두 비슷한 안을 들고 와서 썩 재미있진 않았어요.

또각

뚜벅

딱

제가
나빴어요.

제가…

제가 좀 더
좋은 데이터를
들고 왔더라면…!!

……

……

혼자서
바보 같은
소리
하지 마….

실패했으니
깨달은 바가
있을 텐데.

난 이런 분위기
좀 별로예요.

뭐…

뭐야─….

디잉 도옹

아지사이식품

센카쿠노공원

자, 싱글

벙글

그럼 오늘의 도시락을…

아앗 어르시이 인!!!

다 다 다 다 다

흐애애앵

!?

파닥 파닥 파닥 파닥

경연 대회에서 그랬단 말이지…

괜찮으면 도시락 먹어요.

그렇군…

그렇게 됐어요~

냠 냠

어르신 저 어떡하면 좋을까요?

사이언스 (현재)형은 틀리지 않잖아요.

아니 그건

얼마 전에 말하는 도중에…

아…

비엔나 소시지 맛있다…

하하하, 기분이 좋아질 것 같으면 하나 더 먹어도 돼.

사이언스형에만 의존하면 위험한
세 가지 이유

1. 논리적 정보처리 스킬의 한계

2. 시스템 변화에 법이 따라가지 못하는 세계

3. 자기실현욕구 시장의 등장

논리적 정보처리 스킬의 한계

다양한 요소가 복잡하게 얽혀 있는 불확실한 세계

Volatility
불안정

Uncertainty
불확실

Complexity
복잡성

Ambiguity
모호성

이러한 세계에서는 논리적 사고로 답을 이끌어낼 수 없다

이분법적으로 나눌 수 없다면 직감을 따르는 편이 좋다

82쪽에서 계속

3화
똑같은 것들로 넘쳐나다

사이언스
(현재)형의…

한계라고요…!?

푸드덕
푸드덕 ♪

……

아니, 그게 무슨 말씀이세요!?

네?

사이언스 (현재)형은 완벽한 거 아니었어요!?

오물 오물

네…? 어르신!?

후우

그때 설명하려고 했는데 말이야.

네? 정말요?

말씀 안 해주신 게 더 있었어요?

……이봐, 아가씨.

이야기가 더 듣고 싶으면 일 끝나고 여기로 와.

ODEN

스윽

?

오디이엔…?

그럼 난 이만.

사이언스
(현재)형의
한계라고…?

어? 뭐 하는
노인인데?

좀 수상한
사람 아냐?

외로워서
대화 상대를
찾는다든가.

전혀
그렇지
않아요.

도시락을
좋아하는
사람 중엔
나쁜 사람은
없으니까!

그렇긴 하지만
그 할아버지…

나한테
'사이언스(현재)형'
에게도 한계가 있다고

딱 잘라
말했다고!

뭔가 수상하면
바로 연락해!

바로
구하러 갈게!

넵!
정의는
승리합니다!

우 우 우 웅

덜컹 덜컹

도시락러버
아가씨,
왔구먼.

반짝

당연하죠!

어? 여기
포장마차
네요?

두리번 두리번

와- 이렇게
되어 있구나.

하하하,
처음이야?

주문 하신 거 나왔습니다!

탁

왠지 두근거리는 데요.

음~ 무랑 달걀, 곤약 주세요!

이 가게는 생긴 건 좀 이래도, 맛은 아주 좋다고.

아유, 아닙니다, 어르신!

맛있다!!

후우

후우

역시 어묵탕 무는 언제나 옳지!

핫

그거보다!

사이언스 (현재)형의 한계는 뭔데요!?

그 전에 게임 하나 하지.

이 가게는 코딱지만 해도 어찌된 일인지 특별 메뉴가 정말 다양하다고.

주─우

대박!

모르는 메뉴가 이렇게나 많이….

맛이 독특한 것도 많은데, 개중에는 맛있는 것도 있지.

도시락러버 아가씨, 10초 안에 '맛있는' 메뉴를 골라봐.

네?

10

9

65

도시락러버 아가씨의 일은 상품을 기획하는 일이라고 들었는데

그 부서에는 마감이나 납기 같은 건 없어?

뭐예요, 당연히 있죠.

일이잖아요.

아…

시간이 유한하다는 건 그런 뜻인가!?

사이언스 (현재)형은 데이터로 판단하지만

그것이 유효한 것은 세상이 단순할 때나 가능한 이야기지.

단순한 세상요?

예를 들자면, 고도경제 성장기랄까.

응. 원인과 결과가 분명한 세계.

67

시간이
부족하다라
….

사장님,
소힘줄하고
떡주머니요.

하…?

네.

자,
시간 이외에

회의할 때
좋은 결과를
얻으려 한다면
어떻게 할
생각이야?

회의요!?

그러니까

좋은 데이터가
중요하니까….

69

흠

좋은 데이터는 뭐지?

정확하고 최신 데이터 아닐까요?

그걸 가능한 많이 수집하고, 논리적으로 분석해서….

주문하신 거 나왔습니다!

탁

와! 맛있겠다!

대단하네… 도시락러버 아가씨는 우수한 사이언스 (현재)형이야.

네? 역시 그렇죠? 진짜~

사장님, 곤약이랑 어묵 더 주세요.

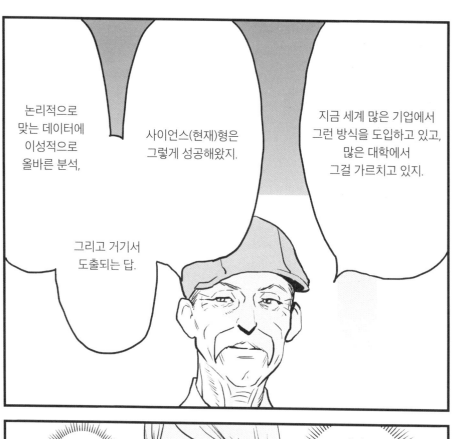

논리적으로 맞는 데이터에 이성적으로 올바른 분석,

사이언스(현재)형은 그렇게 성공해왔지.

지금 세계 많은 기업에서 그런 방식을 도입하고 있고, 많은 대학에서 그걸 가르치고 있지.

그리고 거기서 도출되는 답.

!

역시 사이언스형 굉장한 거 같지 않아?

그리고 그 결과

모두가 동일한 해답을 내어놓게 되었지.

네?

모두가요?

그렇지.

논리적이고
이성적이라는 것은
과학처럼
언제 어디서나
누가 하더라도

방법이
틀리지 않으면
**모두가 동일한 답을
내어놓기 마련이지.**

!!

그럼 경연대회에서
A 팀에서 D 팀까지
기획이 겹쳤던 게…

자, 나왔습니다!

탁

......

오물 오물

하지만

아무리 같은 사이언스(현재)형 이라도 그렇게 아웃풋이 겹치나요?

흠… 스마트폰 같은 거지.

카메라

인터페이스

어플리케이션

데이터… 트렌드를 쫓았더니 디자인이나 기능들이 어느 거나 다 거기서 거기가 됐지.

네? 스마트폰은 원래 그런가 보다 생각했는데,

듣고 보니 거의 차별성이 없네요….

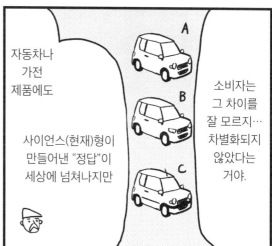

자동차나 가전 제품에도

사이언스(현재)형이 만들어낸 "정답"이 세상에 넘쳐나지만

A

B

C

소비자는 그 차이를 잘 모르지… 차별화되지 않았다는 거야.

아-
완전 알 것
같아요!

가전제품이나
자동차나 전혀
차이를
모르겠어요.

왜 전부
같은 디자인일
까요!?

핫

만드는
사람이 모두
사이언스(현재)형
이라서!!

그렇지.

그때는
정답이던
것이

지금은
오답이 될
수밖에 없지.

…!!

디잉 도옹

아지사이식품

Free space

응?

이마이 씨…

털썩

오늘은 도시락이 아니네요.

이치키 씨…

왜요? 앉으면 안 돼요?

어?

아니…

벌떡

완전
부족하다고요!

부족해요.

다
다
툭
다
다

까악

경연대회
떨어져서
정서가
불안정한가?

정말

손 많이
가네.

성큼 성큼

뭐 하고 있어!

내게는 도시락 밖에 없잖아!

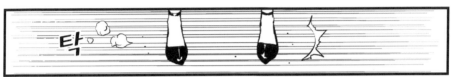

탁

'사이언스 (현재)형'에 한계가 있어도 '저'는 포기하지 않을 거예요!

그러니 좀 더 가르쳐주세요, 어르신!

부탁 드릴게요!

넙

죽!!

......

훗

이거 받아⋯⋯.

팀끼리 다녀오도록 해.

이건?

필요한 것은 미의식이야.

ᝳᝳ

이러한 상황에서도 사이언스형을 중요시하면
두 가지 문제가 발생한다

의사결정이 교착상태에 빠진다

정보가 아무리 있어도
부족해서 의사결정을
할 수 없다

차별화의 한계

논리로만 생각하는 것은
다른 사람들도 쉽게 생각할
수 있기에 경쟁이 격화된다

이러한 상황이라면 진전이 없다

ᝳᝳ

시스템의 변화에 법이 따라가지 못하는 세계
'선윤리 후법' 시대 가치기준의 전환

지금까지의 가치기준

실정법

명문화된 법률만을 근거로
하는 사고방식

앞으로의 가치기준

자연법

자연이나 인간의 본성
(진선미)과 일치하는가를
중요시하는 사고방식

위법인가 아닌가를 떠나 윤리적인 판단이 중요하다

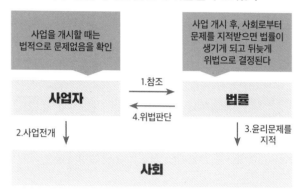

이러한 상황에서도 사이언스형을 중요시하면
사후 위법이라는 판단에 휘둘릴 수도 있다

사업을 개시할 때는
법적으로 문제없음을 확인

사업 개시 후, 사회로부터
문제를 지적받으면 법률이
생기게 되고 뒤늦게
위법으로 결정된다

사업자 ⇄ **법률**

1.참조
4.위법판단

2.사업전개 ↓

3.윤리문제를
지적 ↓

사회

자신을 지키기 위해서 내부 규범이 중요하다.

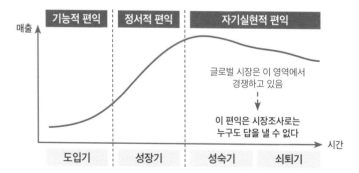

자기실현욕구 시장의 등장
기능만이 아닌 미적 편익이 시장에 있어서 중요해짐

| 기능적 편익 | 정서적 편익 | 자기실현적 편익 |

매출

글로벌 시장은 이 영역에서
경쟁하고 있음
↓
이 편익은 시장조사로는
누구도 답을 낼 수 없다

시간

도입기 | 성장기 | 성숙기 | 쇠퇴기

어떤 것이 사람들에게 아름다워 보이는가를
제안할 수 있는 힘이 필요하다

이러한 상황에서도 사이언스형을 중요시하면

아무리 혁신적이어도 모방되어버린다

기능적 편익	정서적 편익	자기실현적 편익
▼	▼	▼
테크놀로지	디자인	브랜드
▼	▼	▼
모방 가능		모방 불가능

스토리나 세계관을 전달하는 브랜드가 경쟁력으로서 중요하다

세계관이나 스토리는 스스로 만들어내는 수밖에 없다

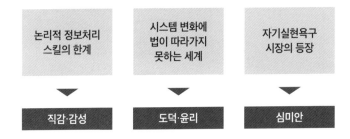

각각의 변화 정리

사회변화에 따라서 논리를 넘은 판단이 요구된다

논리적 정보처리 스킬의 한계	시스템 변화에 법이 따라가지 못하는 세계	자기실현욕구 시장의 등장
▼	▼	▼
직감·감성	도덕·윤리	심미안

이들을 실천하려면 '미의식'을 가지는 것이 중요하다

114쪽에서 계속

4화
사이언스형의 한계

필요한 것은
미의식이야.

그곳으로
가면 해답을
찾을 수
있을 거야.

해답을요
…!?

며칠 후

MUSEUM

미의식을
알기 위해서
미술관이라니
너무
일차원적이지
않나…?

흐음

히히히

일단 미술관에
왔긴 했는데…

이제부터
어쩌지?

내가 크래프트
(과거)형이고,
이치키 씨가
아트(미래)형
이라고….

…그렇다고

갑자기 미의식이네
뭐네 하면서
미술관 티켓을
무작정 들이밀었을 땐
정말 놀랐어….

미의식이
필요합
니다!

같이
가주세요!!

!?

그게—
너무
오버했나
싶기도 하고…

우선 전시나
보죠!

잘
모르겠
지만

분명 힌트가
있을 거야…

미…
미의식에
대해서 공부가
됐나요?

전혀요.

보는 건
좋았지만요.

애초에
미의식이 뭔데?

윽…

자신만만하게
두 사람을 데려왔는데
괜한 짓을 한 건가…

88

네
맞습니다!

휴우

......

흐음.
좀 하네.

여태껏 세계에서
사용할 수 있었던
논리적, 이성적인
사이언스 중시
의사결정에는

데이터 같은
재료가
필요합니다.

하지만
요즘같이 복잡한
세계에서는
의사결정을 하기
위해서 필요한 재료가
방대하기에
시간이 걸리죠.

그러니까
시간이
부족한
겁니다.

그럼요
그럼요

이러한 시대일수록 세계의 엘리트가 의사를 결정할 때 중요시하는 것이

미의식입니다.

미의식!!

그럼 미의식이란 무엇일까요?

그거요!!

그게
알고 싶어요!!

미의식이란
진선미를 예리하게
찾아내는 힘입니다.

!?

진선미라고!?
엉?

진선미란 세상에서
보편적으로 올바르며,
바람직하면서
아름답다고 여겨지는
것입니다.

이것은
눈에 보이는
데이터로는
알 수 없습니다.

96

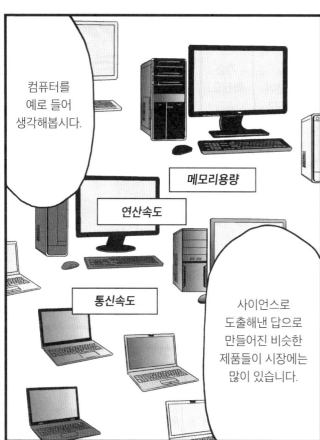
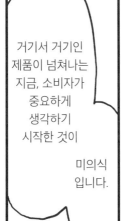
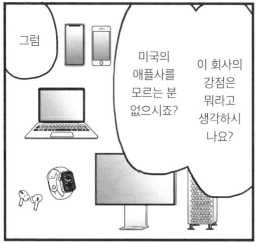

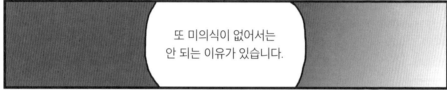

그런 시대에서는

제품으로 자기실현을 추구하는 소비자가 늘어나고 있습니다.

어? 무슨 말이지?

즉

무엇을 선택하는지가 그 사람의 미의식을 표현한다

이 말입니다.

예를 들어 스타벅스에서 맥북에어를 열어놓고 있는 사람에게선

특정한 인상을 받을 수 있죠.

스타일리시하고 스마트한 사람 이라는 이미지 아닌가요.

이치키 씨가 그럴 것 같은데?

그러고 있긴 하죠?

어!?

나는 캔 커피에다 종이 메모장 쓰는데!?

애플사는 이것을 가지고 있는 사람은 스마트하지 않나요? 하는 이미지를 제안하고 있어요.

즉

애플사의 **미의식에 동조하는 사람**이 그 제품을 사는 거죠.

어디까지나 애플사는 한 예로 든 것이고

실제로 스마트한지 아닌지는 알 수 없죠.

방긋

흘긋

힐끗

후…

나는 실제로 스마트한데?

자기를 표현하기 위해 제품을 고른다…?

한 번도 생각해보지 않았는데…

그럴 듯 하다.

여러 선진국에서는 물건의 소비가 자기표현을 위한 측면이 강했습니다.

멋있다

그 브랜드를 고르다니 너 센스 장난 아니다.

MUT JIM

이는 일본뿐 아니라 세계 여러 신흥국에서도 일어나는 현상입니다.

이미지를 아름다움으로 나타내는 것… 이것이

진선미의 미입니다.

이건 화장품에도 해당하는 것 같아.

이 화장품을 쓰는 사람은 세련됐고, 좋은 이미지가 있는데… 반대로 이미지가 없는 상품은 눈에 들어 오지 않아.

'미의식' (미)!!

그냥 상품을 만들기만 하면 아무도 알아봐주지 않는구나….

진선미의 미에 대해
설명하면서 미의식이 있다면
수많은 제품 중에서 선택받기
쉬워진다는 이야기를
드렸습니다.

큭큭큭…

이것으로
대박 기획이
막막
나올 것
같아!

마지막으로
선에 대해
이야기하겠
습니다.

팟

선

미의식은 모방할 수 없다

미의식이 없으면
언젠간 법으로
처벌받는 일도
생긴다는
것입니다.

뭐?!

처벌을
받는다고?

체포되기도
한다는 건가…!?

여러분, 소셜게임 같은 거 하십니까?

소셜게임이란?
주로 SNS상에서 제공되는 온라인게임

지금 두 개 정도 하는데.

소셜게임?

나는 다섯 개.

옛날 소셜게임은 '도감 완성형 뽑기'라는 시스템이 있었어요.

잘 모르는 분을 위해서 설명을 하자면

우선 보통 '뽑기'는 무작위로 아이템을 얻을 수 있습니다.

희귀한 아이템은 얻기 힘드니

딸각!

당연히 목표로 하는 아이템은 손에 넣을 때까지 몇 번이고 뽑게 됩니다.

이 별 다섯 개짜리 전사 카드를 손에 넣으려면 사실 두 가지 패턴이 있습니다.

한 가지 방법은 평소처럼 뽑기 게임으로 계속 뽑는 방법이죠.

단 이것은 대부분 정신이 아득해질 때까지 뽑아야 할 필요가 있습니다.

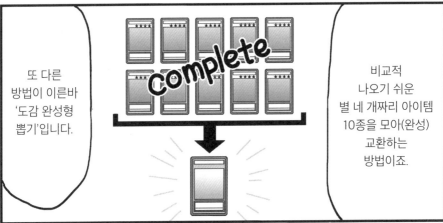

또 다른 방법이 이른바 '도감 완성형 뽑기'입니다.

비교적 나오기 쉬운 별 네 개짜리 아이템 10종을 모아(완성) 교환하는 방법이죠.

어떻게 됐을까요?

이 '도감 완성형 뽑기'로 많은 유저가 몰렸습니다.

그럼 비교적 아이템을 얻기 쉬울 것 같은데!

구제받는 것 같은 느낌이고, 괜찮지 않나?

꽉

하지만 실제로는
나오기 쉬운
아이템을
모으는 것도…

희귀도가 높은
아이템을 얻는 것과
마찬가지이거나
그것보다 확률이
낮았어요.

헐

지옥의
난이도
잖아!!

이것은
회사에서
일시적으로
수익성
높은 사업
이었지만

머지 않아
고액의 비용을
게임에 쏟아붓고
파산하는
젊은 층이
속출해 사회문제가
되었습니다.

그리고
소비자청으로부터
법률위반 소지가
있다고 지적받아,
모든 기업이
이 '도감 완성형
뽑기'를
중지시켰습니다.

원래
트레이딩카드
게임에서
이런 시스템이
위법하다는 법이
있지만

소셜게임이라는
최근 생긴 게임에
대해서는 명확한
규정이 없는
상황입니다.

이것은
소셜게임
만의
이야기는
아닙니다.

법과
법의
경계…

중간 영역에서
승부를 본다면
처음엔 처벌을
받지 않을 수도
있습니다….

꿀꺽…

결국 법이
따라붙게 되면
'도감 완성형 뽑기'
처럼…

서비스를
중지해야 하는
상황에 놓이게
됩니다.

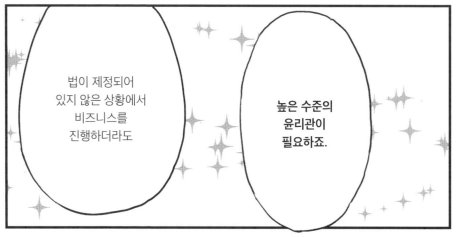

법이 제정되어
있지 않은 상황에서
비즈니스를
진행하더라도

높은 수준의
윤리관이
필요하죠.

법이
제정되기
전에도?

복잡하고 불안정한 세계 속에서 새로운 비즈니스를 개척할 때에…

법이 정해져 있지 않았더라도 올바름을 추구하는 것… **이것이 진선미의 선입니다.**

우리 회사 상품도 지금부터는 저렴하고 맛있기만 해서는 안 된다는 거군.

흐—음.

'미의식' (선)!

그것이 없다면 상품을 팔면 안 된다는 건가?

최악의 경우엔 처벌받을 수도 있다는 거지?

지금
여러분은
전환기를
맞고 있습니다.

지금까지는
해답을 외부에서
얻어냈습니다.

하지만
앞으로의 시대엔
내부에서,
**자신의 미의식으로
스스로 생각해서
해답을 찾아야만
합니다.**

그리고

미의식에
대해서

미의식을
왜 길러야 하는지
이해가 되셨나요?

오늘날 복잡하고 불안정한 이 세계에선 회사 간부뿐만 아니라, 현장의 직원에게도 미의식은 필요합니다.

여러분도 부디 미의식에 대해 생각해보길 바랍니다.

미의식은 이런 거구나!

떠들썩 CAFE 떠들썩

미의식이 뭔지 알겠는데… 그럼 **미의식을 어떻게 기를 수 있다는 거죠?**

미의식이 없으면 앞으로 살아남기 힘들다는 거네?

그런 것 같아요!

'미의식'이란 무엇인가?

아래의 가치에 대한 스스로의 평가 기준을 말한다

진

선

미

무엇이 올바른가?
(인식)

무엇이 바람직한가?
(윤리)

무엇이 아름다운가?
(심미)

외부가 아닌 내부에 기준을 가져야 한다

외부가 아니라 내부에 기준을 가져야 한다는 것은?

아래처럼 판단기준의 전환을 말한다

가치	외부기준	내부기준
진	논리·분석	직감·이성
선	법률	도덕·윤리
미	시장조사	심미안

복잡한 사회에서야말로 내부에 기준을 가지는 것이 중요하다

142쪽에서 계속 →

5화

미의식

116

근데 어째서 저희에게만 특별히 알려 주시는 건가요?

세 사람에게 미의식을 가르쳐주라고 어떤 분에게 부탁받았거든요….

어떤 분?

어르신…?

안녕하세요. 야마구치 슈라고 합니다.

야마구치 슈
1970년 도쿄 출생. 게이오기주쿠대학 문학부 철학과 졸업.
동 대학원 문학연구과 미학미술사학 전공 석사 과정 수료.
덴쓰, 보스턴컨설팅그룹, 콘페리 등에서 경영전략책정, 조직개발을 담당함.
현재는 독립연구원, 작가, 연설가로서 활동하고 있다.

이치키 입니다.

이마이 사키예요!

후루타 입니다.

그럼 복습해보죠.

미의식이 뭐라고요?

우리가 경연대회에서 이기는 데 필요한 것입니다!

빠릿

진선미를 예리하게 찾아내는 힘 …이었죠.

세상에서 보편적으로 올바르며, 바람직하면서 아름답다고 여겨지는 것을 예리하게 찾아내는 힘…이죠.

아! 그거요!

진선미!

그럼 미의식을…

기르기 위해서는 뭘 하면 좋을까요?

네?

음…

그런가?

왠지 어디서 본 적 있는

유명한 그림인데.

힐긋

잠깐

아까 봤는데….

그림 해설이 있네.

지그시

아하, 그렇구나.

흠흠

카라바조의 「막달라 마리아의 황홀경」이라…

1분 지남.

미… 미술관에 와서 미술품을 본다든가…?

어?

싱글
싱글

그림을
보고 뭔가
느끼는 게
있나요?

다 둘러봤지만
아무것도
모르겠던데….

그런데
이거 말고
미술관에서
다른 할 일이
있나?

그저 미술관을
돌아보는
걸로는 아무것도
느끼는 게
없었다는 건

아까
알았는데요.

그만해~!

부끄러우
니까.

말씀대로
입니다.

네?

그렇구나.

그냥 보는 것으로는 미의식은 길러지지 않으며,

당연히 체화하는 것도 어렵죠.

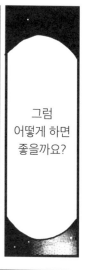

그럼 어떻게 하면 좋을까요?

꿀꺽

'보는 힘'을 기르는 것이

미의식을 기르는 것으로 이어집니다.

보는…
힘요?

갑자기
'보는 힘'이라니
뭔가 싶나요?

'보는 힘'에
대해서 간단한
실험을
해볼까요?

탁

エジソン(에디슨)
実験工房(실험실)

이 두 단어의
공통점을
찾아보세요.

네?
공통점요…?

에디슨은
발명가이고,
실험실은
발명을 하는
장소니까…

'발명'
아닌가요?

エジソン
実験工房

그것도 있겠지만,
좀 더 간단한
공통점이 있어요.

힌트
줄게요.   다섯 살짜리
제 딸은 바로
대답했습니다.

간단 하다고?

에디슨이 만든 과거의 발명품 이라면…

축음기…, 전구…, 영사기…?

크래프트(과거)형

?

다섯 살 여아라… 정보가 너무 없어…

사이언스(미래)형

음, 그런 게 아닌 거 같은데.

응? 무슨 말이에요?

아트(미래)형

후후후… 아무래도 여러분들 '**보는 힘**'을 기를 필요가 있을 것 같네요.

그럼
이렇게 하면
어떨까요?

빙글

탁

앗?

싱긋

그렇습니다.
'工' 모양이
동일합니다.

네?
겨우 그런
거였어요?

"겨우 그런 것"이 중요합니다.

여러분들이 하고 있는 건 '보는 행위'가 아니라 '읽는 행위' 입니다.

어른은 아이와 달라서 사물에 의미를 부여해 해석하는 버릇이 있습니다.

뉴턴

브랜드

가을이 제철

빨갛다

둥글다

맛있겠다

방금 실험해봤듯 순수하게 보는 것은 굉장히 어렵습니다.

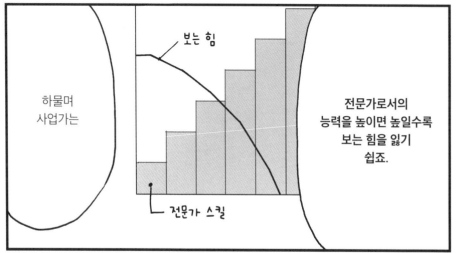

하물며 사업가는

보는 힘

전문가 스킬

전문가로서의 능력을 높이면 높일수록 보는 힘을 잃기 쉽죠.

어!? 일에 능숙해질수록 보이지 않는다는 말인가요!?

진짜 뭐야! 그래서 나한텐 전혀 안 보인 거였어!

어?

왜 기뻐하는 거야?

사업가가 전문가로서 능력을 높여가는 과정은

눈앞의 일을 보기보다, 과거의 성공 경험을 바탕으로 처리하는 것입니다.

그렇게 하면 매번 아무것도 없는 상태에서 답을 만들어 가지 않아도 되죠. 비효율적이니까요.

비즈니스 안경 (색안경)

⬆ 효율 UP
⬇ 보는 힘 DOWN

하지만

그렇게만 한다는 건 고정관념에 사로잡혀서 몇 번이고 동일한 관점으로 사물을 파악하게 되고,

정도가 심해지겠죠.

일이 순조롭게 진행되는걸—

으으… 무슨 말씀을 하실지 무서워…

결국 전문가로서의 능력을 높여간 결과…

사람은 사물이나 현상을 제대로 보지 않고 과거의 경험에만 비추어 **사물을 판단하게 되는 것입니다.**

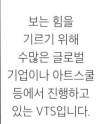

보는 힘을
기르기 위해
수많은 글로벌
기업이나 아트스쿨
등에서 진행하고
있는 VTS입니다.

MUSEUM

VTS요?

한번
해보는 게
빠르겠죠?

우선은
이 그림을
보세요.

오늘은
미술관이 비어서
딱 좋습니다.

후루타 씨,
이 그림은
무엇이 그려져
있습니까?

카라바조의
「성 마태오의
소명」요.

유명한
유화죠.

흐음.

헐…
진짜 유명한
그림이었어?
대박…
몰랐어.

그림 제목 그대로, 그리스도가 마태오를 소명하는 모습이 그려져 있죠….

맞습니다. 하지만—

그렇게 하면 안 됩니다.

네엣!?

띵

다음 질문입니다.

이마이 씨, 이 그림을 보고 어떤 감정이나 감각이 느껴집니까?

네? 그러니까… 감정…?

비쌀 것 같다… 가 아니라 정말 잘 그린 그림이구나 하는 생각이 랄까요…?

싱긋

이마이 씨도 좀 더 해야겠네요.

다음은 이치키 씨. 그림에 무슨 일이 일어났고, 앞으로 어떤 일이 일어날까요?

그러니까…

여기는 옛날 찻집으로 이 사람들은 무슨 소식을 기다리고 있어요.

그것은 어떤 사람에게는 좋은 소식이고, 또 어떤 사람에게는 나쁜 소식이겠죠.

그리고 지금 그 소식을 가지고 온 사람이 찻집으로 들어온 순간이에요.

이 사람들은 그 소식을 가져온 사람이 자신들 자리로 오길 기다리고 있는 것 같아요.

…보고 있는 사람들 정말 힘들 것 같아요.

……!?

무슨 소리를 하는 거야?

131

이치키 씨는 소질이 있네요.

뭐―!? 어떻게 된 거야!?

후루타 씨는 그림을 보지 않고 정보를 서술했을 뿐이고,

이마이 씨는 그림을 봤지만, 그것뿐이었습니다.

큭…

이치키 씨의 대답은 그림을 보고 나서, 그것이 어떠한 상황인지 상상하고 있죠.

이것이 '보는 것' 입니다.

!!!

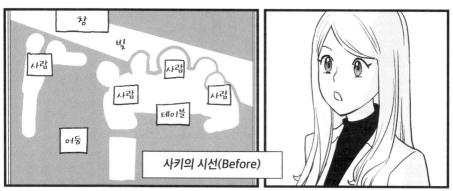

사키의 시선(Before)

After

Visual Thinking
Strategy

VTS는 '보고 느끼고 **말로 표현하는**'… 그러니까 보는 힘을 기르는 훈련입니다.

하나의 작품에 대해서 30~60분 정도 이야기하다 보면, 첫인상이나 통상적인 해석과는 다른 그림이 눈앞에 나타나는 그런 경험을 하게 됩니다.

다시 말해, '보이지 않았던 것이 눈에 보이는 것'이 바로 VTS입니다.

어디로 가면 VTS 훈련을 받을 수 있나요?

VTS는 많은 글로벌 기업이나 아트스쿨에서 진행되고 있습니다.

보는 능력을 높이는 방법은 VTS뿐만 아니라, 철학이나 문학, 시를 감상하는 방법도 있습니다.

적자 적어

선입견을 벗고 스스로 확실하게 사물을 봐야 한다는 거군요.

지금까지 미술관에 온 적 거의 없었는데, 재미있기도 하고 또 와야겠네.

야마구치 선생님, 오늘 정말 감사합니다!

별말씀을. 부디 미의식을 길러서 훌륭한 사업가가 되길 바랍니다.

MUS

사이언스형이 끝날 거라고 해서 좀 우울했는데

미의식을 기르면 된다고 하니 다행이라는 생각이 들어요. 기르는 방법도 배웠고요

뭐 그런 걸로 우울해해요.

그런 거라뇨.

나한테는 큰일이라고요!

그건 그렇고 각자 해야 할 과제가 생겼네.

우리는 팀이면서도

동시에 라이벌이기도 하니까… 질 수 없지.

나도 지지 않을 거예요!

흠음.

그러네요.

그러게요.

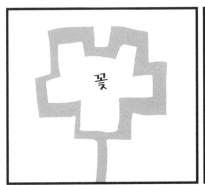

다른 곳에서 씨가 옮겨와서 그때부터 개체 수가 늘어난 걸까?

저기도 제비꽃이 있어.

저 꽃도 이 꽃에서 나왔으려나…?

이런 느낌으로 제비꽃이 늘어나서

후훗.

어?

제비꽃길 이라고 불리면 재미있겠다.

나…

138

앗

하늘

건물

아파트

전봇대

나무

도로

매일 이 길로
다녔는데 이렇게
생각한 적은
처음이야….

지금까지 나는
데이터만
보였는데…

이게 '보는 것'
이구나….

분명 이것이
'미의식'이야.

141

👓
미의식을 기르기 위해서 필요한 것
아래 네 가지를 이용할 것

회화	**철학**
문학	**시**

👓
회화에서 얻을 수 있는 것
대상으로부터 풍부한 통찰을 얻을 수 있는 힘

넓은 범위나
세부 정보를 관찰

관찰 →

회화

← 깨달음

대상으로부터
다양한 통찰을 얻다

고정관념으로부터 탈피

철학을 통해 얻을 수 있는 것
아래 세 가지를 배울 수 있다

콘텐츠

철학의 내용
그 자체

프로세스

콘텐츠를 생산하는 데
이르기까지 깨달음과
사고과정

모드

철학자 자신의 세계나
사회를 마주하는 법

콘텐츠는 오래됐어도, 프로세스와 모드는 깊이가 있다

당시의 지배적인 생각을 마주하는 법을 배우는 것이 중요하다

문학을 통해 얻을 수 있는 것
미의식의 감각을 잘 갈고닦을 수 있다

인간에게 있어서 '진선미'란 무엇인가를 인류는 계속 질문해왔다

▼

문학은 이야기를 통해 '진선미'를 고찰하는 것

▼

문학을 읽고 공감하는 부분을 찾으며 미의식의 감각을 기를 수 있다

무엇에 자신이 공감하는지 생각하는 것이 중요하다

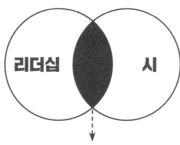

시를 통해 얻을 수 있는 것
커뮤니케이션 훈련이 된다

사람의 마음을
움직이기 위해
말의 힘이 중요

리더십   **시**

적은 정보량으로
풍부한 이미지를
전달한다

둘 다 수사(修辭)가 중요함

시를 배우면 말에 힘이 생긴다

144

188쪽에서 계속

6화

재도전

그로부터
1개월
후—

우리는
미의식을
기르기 위해

집중

피땀눈물을
흘리며 혹독한
훈련을 했다….

(매주
주말마다
모여서
미술 전시
감상함.)

좋아,
보였어

MUSEUM

흐음

과거
데이터는
잊어버
리자…

아무리
그렇더라도
너무 가슴이
없어요.
그거 미소년이
여장한 거
같아요.

흐음
재밌네요.

나쁘지
않아요.

잘도 그런
생각했네….

데이터
적으로
있을 수
없어요.

들어본 적
없는 거
같아.

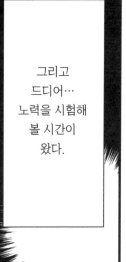

그리고
드디어…
노력을 시험해
볼 시간이
왔다.

146

회의실B
Conference room B

신상품 기획 경연대회를 열게 되었습니다.

이번에도 팀전이고, 팀 구성은 전과 동일합니다.

잘 부탁 해요.

웅성

잘 부탁 드립니다.

웅성

잘 해봐요.

후…

팀이 같아서 다행이다! 애써 미의식을 함께 훈련 했는데…

다른 팀으로 가버리면 강적이 됐을 텐데….

자, 그럼 주제를 발표 하겠습니다.

이번엔 특별히 주제를 정하진 않겠습니다.

지금까지 대왕미트볼 등 변화를 준 제품이 많았으니

이쯤해서 도시락의 왕도(기본)로 가보죠.

왕도요!?

허허허

뭐야 그게!?

야마다 씨, 이번에도 기대할게요.

네.

싱글

울컥!?

149

굉장히 짜증난다~

야마다 팀놈들, 이미 이겼다고 생각하나 봐~

머지않아 보게 될 거라고! 이기는 건 우리 팀이니까!

활 활

회의실D
Conference room D

그래서 다음 주제는 '기본'이 되겠습니다…

도시락의 기본이라…

뭐 그거 아니에요?

햄버그 잖아요.

두

연어자반 이잖아.

훗, 비엔나 소시지죠.

둥

뭐야?

뭐…

날마다 다를 테니까요.

흐흠

하지만 기본이라고 한다면 역시…

햄버그죠!

부릅

훗

비엔나 소시지 라니까.

연어 자반이야.

새침

두 사람 도시락은 너무 어린애 같잖아.

네?

훗, 젊은 사람 취향이에요.

도시락이라고 하면 히노마루 도시락*이 최고야!

매실장아찌! 연어자반! 우엉볶음!

도시락이라고 하면 역시 구운 주먹밥에 비엔나, 샐러드죠.

지금 뭐라고 했어요?

흐음

과거 데이터가 그래! 이건 역사고 전통이야!

보기에도 귀여워야 해요.

노땅 취향은 별로예요.

......

이게 뭐라고

이렇게 싸울 일이야~!?

*日の丸弁当. 흰밥 한가운데 매실장아찌 하나를 박아 넣은 도시락.

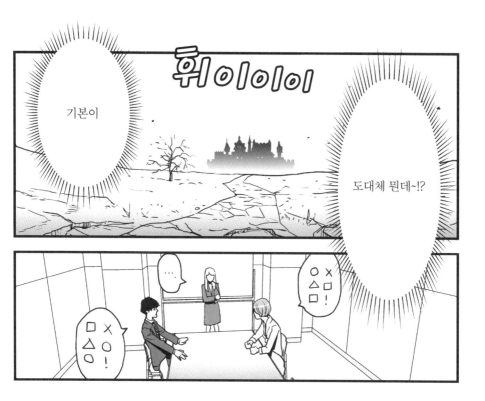

153

알렉산더 이놈아! 그만해!

어르신?

도시락러버 아가씨, 미안하게 됐어.

알렉산더는 모르는 사람 잘 안 따르는데···♩

혝

혝

네?

중얼

개··· 도그···

핫도그 도시락···

중얼

무슨 걱정 있나?

아! 맞다!

어르신! 야마구치 선생님 일은 정말 감사했어요!

아냐아냐, 도움이 됐나 모르겠네.

미의식에 대해 많이 배웠어요!

맞다!

흐음…

오므 라이스가 아닐까.

어르신은 도시락의 '기본'은 뭐라고 생각하세요?

또 다른 게 나왔네!

으아 아앙.

음… 잘은 모르겠지만

잘 안 풀릴 때는 현장에 가보는 것도 좋지.

현장요 !?

감사합니다, 어르신!

다 다

….

아,

이마이 씨.

이치키 씨?

여기서 뭐 해요!?

냉동나물을 좀 보고 있었는데요?

그건 말 안 해도 알겠는데,

그거 말고…

156

아 그거
말고요?

그래서
뭐 좀
알아냈어요?

상품을 구매하는
고객들을 관찰하면
뭐가 기본인지
힌트를 얻을 수 있지
않을까 해서요.

이거…

그거
예요!?

학창시절
도시락에
자주 넣어져
있었거든요.

큭

휘
청

이치키 씨 집은
구운주먹밥이
기본이었구나.

우리 집은
그냥 흰쌀밥
이었고,
후루타 씨는
히노마루
도시락…

집집마다
이렇게
달라서야
어떤 게 진짜
'기본'인지
알 수 없잖아….

기본이란 게 어렵네요. 달걀프라이도 소스를 찍어먹는 사람도 있는 반면, 간장하고 먹는 사람도 있고요.

나는 케첩이랑 먹는 걸 좋아하거든요.

나는 마요네즈요.

후루타 씨는 왠지 간장파일 거 같아요.

아니면 소금…

킥

그럴듯한데요.

그쵸?

아… 지금 좀 뭔가 알 거 같아요….

말로 잘 표현은 못 하겠는데

이거 분명 미의식하고 관계가 있을 거 같아요….

네!?

애초에
도시락
내용물을
누가 정하죠?

네?

엄마-
나 이거-.

알았어.

엄마…!?

번뜩

그거예요!

현장은
슈퍼가 아니라
가정이에요.

'기본'을
정하는 건
도시락을
만드는 사람의
'미의식'이에요!

159

고마워요,
이치키 씨!!

덕분에
뭔가 좀
단서를
잡은 거
같아요!

아뇨,

천만에요.

내일 봐요!

타

탁

…….

160

'기본'의 힌트는 가정에 있는 게 분명해!!

다녀왔습니다.

헐레

엄마 나 왔어.

사키!

마침 잘됐다. 엄마 좀 도와줘!

이거 섞을까?

탁 탁 탁

엄마가 계속 도시락 만들어줬잖아.

팁이라든지, 기준이라든지 다 괜찮으니

있잖아, 도시락의 '기본'이 뭐라고 생각해?

무슨 소리야? 갑자기 물어보니까 생각이 잘 안 나는데?

힌트 좀 줘!

도시락 싸기가
얼마나 힘든지
아니?

네 아빠는
생선 좋아하는데,
네 오빠는
고기 좋아하지.

넌 뭐든 잘 먹어도,
다채로운 걸
좋아하고….

어!?

각각 다르게
도시락을
싸줬다는
거야!?

그래.

각각
**좋아하는 게
다르니 정말
힘들었어.**

그래도 도시락이
비어 있으면
얼마나 기쁜데.

달걀프라이도
소스를 찍어먹는
사람도 있는 반면,
간장하고 먹는
사람도 있고요.

……

취향이
달라서
힘들다.

이상으로 기획 초안이었습니다.

두 사람의 반응은 과연…

으음… 여태까지 없었던 상품이네.

과거 데이터가 없으니 불안하긴 하지만…

뭐 이정도면 내 미의식과도 맞는 것 같아요.

과거에 매달리는 건 그만하기로 했으니

이 기획 한번 해보죠!

두 사람 모두 고마워요!

화기

오호

그럼 데이터부터 채워 넣어 가요!

7화
진선미

아지사이식품 대회의실

신상품기획 경연대회

드디어
오늘이야…!!

네, 이번 대회는 시식형식으로 진행합니다.

공정을 기하기 위해 아지사이그룹 사외스태프와 그 가족분들 중에서 심사원을 선발했습니다.

드디어 기획 경연대회 시작했어요!

주제는 도시락의 기본!

음.

시식형식 이라서 조리기술에서 차이가 나지 않게 하려고 공장에서 만들었다네.

이번엔 심사원들이 평소보다 많네.

웅성 웅성

남녀노소 다양하게 모인 느낌이야…

웅성 웅성

정말이네… 왜지?

169

그건 그렇고 다들 잘도 저걸로 준비했네요….

도시락으로는 제일 인기 많으니까….

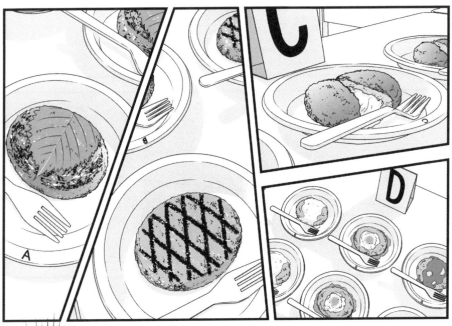

설마 네 팀 모두 햄버그라니….

게다가 맛있어….

흐음 겉으로 보기엔 전부 기본 같은데.

냠 냠

맛은 있지만 전부 비슷비슷 하네.

데이터로 산출해낸 답은 필연적으로 동일할 수밖에….

이것이 사이언스 (현재)형의 한계고….

괜찮 아요!

우리 샘플에는 열심히 배웠던 미의식이 있으니까요!

문제는 심사원이지 않을까요.

그래요, 우리가 담은 미의식이 전달될지….

다들 먹어주겠죠…?

두근

두근

오물 오물

헉?
어르신!?

힘껏

어르신
이쪽으로
잠깐
와주세요.

오호,
도시락러버
아가씨구먼.

탕비실
Kitchenette

어르신
여기 어떻게
오신 거예요?
외부인은
출입금진데?

오늘은
견학으로
왔지.

저 햄버그들
우열을 가리기가
참 어렵더라고.

견학요?

172

그렇다고 해도 다른 팀 샘플은 겉모양도 화려해서요. 걱정이에요.

우리 팀의 미의식이 전달될지 모르겠어요.

CHEESE

DEMIGLACE

OROSHI

뭐 확실히 전부 다 훌륭했어!

하지만

내가 마음에 들었던 건 햄버그 3종 세트였는데.

어?

정말요?

미의식 이라는 것은 이론이 아니지.

합리성을 추구하다 보면 놓치기 쉬워….

그거 우리 팀 샘플이에요!

과연 재밌는 생각을 했구먼, 도시락러버 아가씨 팀.

?

도시락의 '기본'이라고 하면 햄버그가 1위를 차지하고 있죠.

데이터적으로도 이걸 선택한 건 틀리지 않았어요.

그런 다음…

'기본'이 되려면 소스도 기본적인 것을 사용해야 하겠죠.

그걸 어떻게 '조리하는가'만 남겠죠….

3종 소스를 세트화하는 것은 언뜻 합리적이지 않은 것 같지만

사실은 **가족 각자의 취향에 맞춰 소스를 고른 것**이에요.

오호라

깊이 생각했구먼.

이것이…

우리의 미의식!!

그렇구먼.

재밌어.
정말
재밌어.

?

아,
여기
있었네!

네?
벌써요!?

이마이 씨,
곧 심사결과
발표해요.

어르신, 죄송해요. 이만 가봐야 할 것 같….

어라?

어디 가셨지…?

웅성

아—

웅성

웅성

심사결과가 나오기까지 시간이 좀 걸리니 양해바랍니다.

이번 경연에는 아지노 회장님께서 함께하셨습니다.

177

178

어르신!?

그럼 회장님
결과 발표
부탁드립니다.

그러지.

말도
안 돼….

어르신이
회장님이라고!?

오늘은
갑작스럽겠지만
경연에 참석해
여러분들의 샘플을
시식했습니다.

모두
훌륭했고

과연 도시락의
기본이라고
할 수 있는
것들이었어요.

하지만…

이미 비슷한 제품이 시장에 넘쳐납니다.

그것들과 차별화하여 고객들의 선택을 받기 위해 무엇이 필요할까요?

제가 젊었을 때는 정답이 명확해서 어떤 의미에서 편한 시대였습니다.

복잡한 현대에는 정답이 없어요.

여러분들에게는 어려운 요구를 했다고 생각합니다.

그중에서

힐긋

한 팀은 다른 접근법을 보여줬습니다.

싱긋

이번 경연은 D 팀의 기획을 채택하겠습니다!!

네? 우리요 …!?

해냈다!

아? 근데 어째서요?

잠시 기다려주세요! 이해가 가지 않습니다!

우리 팀 샘플이 D 팀 것에 비해서 떨어진다고 생각하지 않습니다!

자네는… 야마다였나.

테이블 위 접시를 보겠나.

181

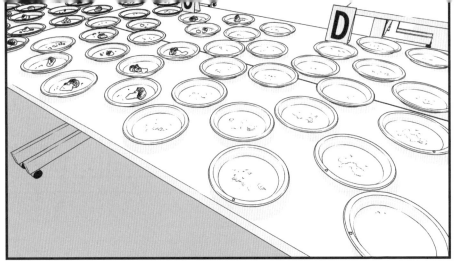

D 팀은
모든 접시가
비워져 있어
…!?

다른 팀 것은
드문드문 먹다
남기기도
했는데!!

!!

좋았어.

오오…

답은
테이블 위에
나와 있었지.

이해
했습니다
….

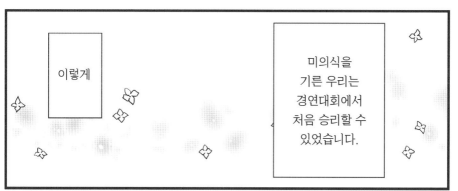

센카쿠노공원

반년 후

어르신!

도시락러버 아가씨 왔어?

여기 계실 줄 알았어요, 어르…

앗

아, 죄송해요. 회장님!

와하하하!

어르신이라 불러도 돼!

정말요? 그럴게요~!

전 대단한 사람하고 이야기하면 긴장돼서요.

그래서 나한테 무슨 볼일이라도?

아 맞다맞다!

좀 급작스럽 겠지만 어르신 이것 좀 보세요!

따가닥

짜자안~!

호오…

이건 그때 3종 소스 햄버그 아닌가?

드디어 상품화 됐어요!

잘됐구먼!

근데

이 빈공간은 뭐지?

185

이 공간은…

앞으로 제가 기획한 상품으로 채워갈 예정이에요!

제 새로운 목표죠!

오호라.

꾸벅

어르신이 미의식에 대해서 알려주셨기에 여기까지 올 수 있었어요.

정말 진심으로 감사드려요.

186

앞으로도 계속 변화는 일어날 거야.

그 흐름을 탈지 아닐지는 아가씨 스스로에게 달려 있어.

넵! 알고 있어요!

아지사이 식품개발은 제게 맡겨주시라고요!

이마이 사키, 앞으로도 열심히 하겠습니다!

아지사이식품

아트보다 사이언스가 중시된 이유

의사결정 이유를 계속해서 설명할 수 있기 때문

사이언스	크래프트	아트
사실이나 분석을 바탕으로 이유를 설명한다	과거의 실적에 근거해 이유를 설명한다	'이것은 아름답다' 하고 주장한다

서로 주장이 부딪혔을 때에, 반드시 아트형이 패배한다

하지만 설명해야 할 책임을 과도하게 중요시하면 위험하다

설명해야 할 책임을 중요시하면 왜 위험할까?

의사결정자의 리더십 방관으로 이어진다

합리적으로 설명하기를 과도하게 요구한다

설명하기 어려운 미의식이나 감성을 가지고 오는 것을 꺼리게 된다

나중에 변명을 할 수 있는가의 관점으로만 의사결정이 내려지게 된다

리더의 책임 있는 의사결정이 진행되지 않는다

결국 설명할 책임을 과도하게 요구하면 왜곡이 생긴다

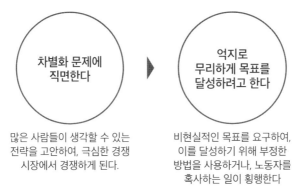

사이언스 편중 현상을 방치하게 된다면?

현장이 피폐해지거나 도덕적 해이 문제가 생긴다

차별화 문제에
직면한다

억지로
무리하게 목표를
달성하려고 한다

많은 사람들이 생각할 수 있는
전략을 고안하여, 극심한 경쟁
시장에서 경쟁하게 된다.

비현실적인 목표를 요구하여,
이를 달성하기 위해 부정한
방법을 사용하거나, 노동자를
혹사하는 일이 횡행한다

사이언스만을 중요시하는 것은 위험하다

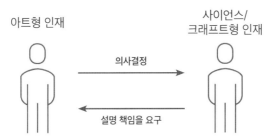

아트를 도입하기 위해 딜레마가 생긴다

아트형 인재

사이언스/
크래프트형 인재

의사결정

설명 책임을 요구

이렇게 해서는 전혀 아트적인 의사결정을 실현할 수 없다

그러므로 아트를 지원하기 위한 고민이 필요하다

◠◯

설명의 책임을 극복하기 위해 어떻게 해야 할까?

높은 직위의 사람이 아트적인 것에 힘을 실어줄 필요가 있다

**경영 윗선이
아트를 책임진다**

**디자이너 등에
권한을 준다**

◠◯

경영 윗선이 아트를 책임진다는 것 무슨 말까?

협력할 수 있는 체제를 만든다

Plan〔계획〕	**Do**〔실행〕	**Check**〔평가〕
아트형	크래프트형	사이언스형
인재가 담당	인재가 담당	인재가 담당
▼	▼	▼
비전을 그린다	실행한다	정량적으로 성과를 측정한다

아트를 사이언스와 크래프트가 지원하는 형태가 된다

◠◠

디자이너 등에게 권한을 준다는 것은 어떤 것인가?

설명에 약한 아트형에게 윗선에서 힘을 실어준다

이것으로 크래프트와 사이언스와의 역학관계에서 균형을 맞춘다

아트를 살리기 위해 관리가 중요하다

◠◠

여기서 주의!

'사이언스'도 '아트'도 전부 중요하다

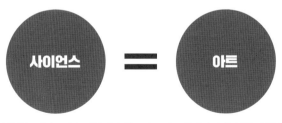

※직감을 중요시하느라 논리적이지 않으면 그것도 문제이기에, 양쪽 다 중요하다

비논리적이 아닌, 논리를 뛰어넘은 사고방식이 '아트'다

Original Japanese title:
MANGA TO ZUKAI DE WAKARU SEKAI NO ELITE WA
NAZE 'BIISHIKI' WO KITAERUNOKA?
Copyright © Shu Yamaguchi, PECO 2020
Original Japanese edition published by Kobunsha Co., Ltd.
Korean translation rights arranged with Kobunsha Co., Ltd.
through The English Agency (Japan) Ltd. and Danny Hong Agency

옮긴이 복창교
부산대학교 일어일문학과와 일본 리쓰메이칸대학에서 공부했다. 출판사에서 출판에디터로 일했고,
지금은 번역 및 편집 프리랜서로 활동하고 있다. 옮긴 책으로는 『살인마 잭의 고백』『청소시작』
『진짜 대화가 되는 영어』『사료만 먹여도 괜찮을까? 반려견 편』『사료만 먹여도 괜찮을까? 반려묘 편』
『HOW TO 팬베이스: 팬을 얻는 실천법』 등이 있다.

HOW TO
미의식 직감, 윤리 그리고 꿰뚫어보는 눈

초판 1쇄 인쇄   2021년 12월 9일
초판 1쇄 발행   2021년 12월 20일

글   야마구치 슈
그림   PECO
옮김   복창교
펴냄   구난영

경영총괄   이충석
디자인   이혜원

펴낸곳   도슨트
주소   경기도 파주시 산남로 183-25
전화   070-4797-9111
팩스   0504-198-7308
이메일   docent2016@naver.com

ISBN   979-11-88166-39-8 03320

*파본은 구매처에서 교환해드립니다.
*책값은 뒤표지에 있습니다.
*글꼴은 국립중앙도서관이 개발한 도서관체입니다.
*경영아카이브는 도슨트의 경제경영브랜드입니다.